مستوى ٢
Level 2

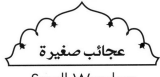

عجائب صغيرة
Small Wonders

النحل

Bees

Mahmoud Gaafar
and Jane Wightwick

خطوات كبيرة في قراءة العربيّة
Large Strides in Reading Arabic

g-and-w

66290600MW

هُناكَ حَوالي عِشرين أَلف نَوع من النَّحل في العالَم.

يَعيش النَّحل في مُعظَم البِيئات
مِثلَ الغابات والجِبال والحُقول
وحَتّى في الصَّحراء.

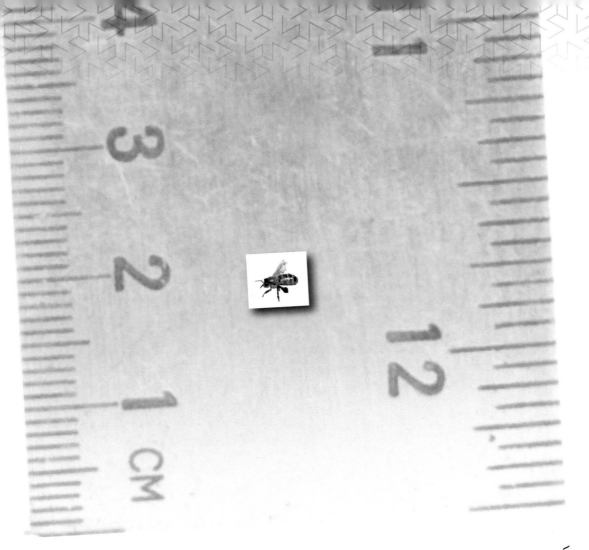

أَصغَر نَحلة في العالَم قِياسها
حَوالي اِثنَين مِلّيمِتر.

وأمّا أكبَر نَحلة فَقِياسها حوالي
تِسعة وثَلاثين مِلّيمِتر وهي مَوجودة
في إندونيسيا.

الأَجنِحة

الصَّدر

الرَّأس

البَطن

مِثلَ كُلّ الحَشَرات، جِسم النَّحلة لَهُ ثلاثة أَجزاء وهي الرَّأس والصَّدر والبَطن.

النَّحلة لَها أربعة أَجنِحة وخَمس عُيون، ثَلاث عُيون فَوقَ الرَّأس وعَينان في مُقَدَّمة الرَّأس.

أَمّا مُخّها فَهُوَ في حَجم السِمسِمة.

أَشهَر نحل وأَهَمّ نحل للبَشَر هو نحل العَسَل.

يَعيش نحل العَسَل في مُجتَمَعات كَبيرة.

المُجتَمَع فيه المَلِكة والذُّكور والعامِلات.

الملكة هي أكبر نحلة في الحجم.

دَور الملكة هو أن تَضَع البَيض، أَحياناً أكثر من أَلفَين بَيضة يَوميّاً! يُلَقِّح الذُّكور كلّ هذا البَيض. الذكور بَينَ نحل العَسَل ليس لَها إبرة، العامِلات فَقَط لَها إبرة.

يعيش المجتمع في «خَلِيّة» وهي بَيت النَّحل. تُنتِج النحلة الشَّمع في جسمها وتَصنَع الخليّة من هذا الشمع.

اِستَخدَمَ الناس الشمع لِلضَّوء مُنذُ
سَنَوات كَثيرة - في البُيوت أَو في
الشَوارِعِ وحتّى تَحتَ الأَرض.

يَرَى العُلَماء أن النحل والنَّمل هي أَذكَى الحَشَرات لأَنّها اِجتِماعيّة وتَعمَل كَفَريق. كلّ نحلة أو نَملة لها دَورها في المجتمع.

تَرقُص النَّحلة في وَسَط هذه الصورة والنحل الآخَر يَنظُرُ إلَيها. يرى بَعض العُلَماء أن الرَّقصة لها مَعنَى أو أنّها إشارة للنحل الآخر في المجتمع.

تَطير النحلة بِسُرعة خَمسة وعِشرين
كيلومِتر في الساعة وهذا مثل سُرعة
الدَّرّاجة عِندَنا.

يَأتي صَوت الطَّنين (صَوت «زززز») من
الأَجنِحة لأنّها تَتَحرَّك أكثر من عَشَرة
آلاف مَرّة في الدَّقيقة.

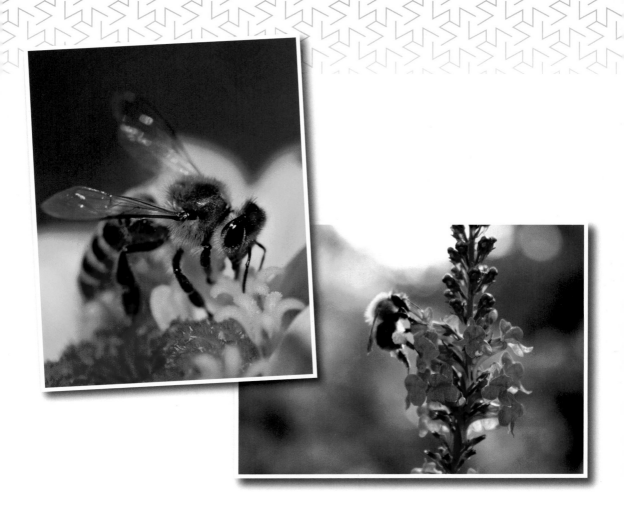

تَأخُذ العامِلات الرَّحيق من الزُّهور
وتَرجِع بِه إلى الخليّة.

تَحمِل العامِلة الرَّحيق في جَيب خاصّ
على رِجلها كَما نَرَى في هذه الصورة.

داخِل الخليّة تُنتِج النحلة العَسَل من الرَّحيق، والعَسَل هو طعام سُكَّريّ ولَذيذ وغَنيّ.

نحلة العسل هي حشرة مُفيدة جِدّاً
لأنّها تُنتِج لَنا طعاماً كامِلاً فيه الكَثير
من اِحتياجات البَشَر... حتّى الماء!

تَأخُذ النحلة الرَّحيق من الزُّهور لِتَصنَع العسل، وتأخذ معها حُبوب اللَّقاح على جِسمها وتَنقُلها من زَهرة إلى زَهرة.

هذا يُساعِد في تَلقيح الفَواكِه
والخُضَروات والحُبوب في المَزارِع
حَول العالَم.

مُنذُ سَنَوات كَثيرة أَخَذَ الناس العسل
من خَلايا النحل للأكل، وأَيضاً كَدَواء
لِمَشاكِل البَطن والجِلد مَثَلاً. في الماضي
كان المُرَبّي يكسِر الخليّة لِيَجَمع العسل...

...ولكن في القَرن التاسِع عَشَر، اِختَرَعَ
مُزارِعٍ أَمريكيّ اِسمهُ «لورَنزو لَنجستروث»
(Lorenzo Langstroth) خليّة جَديدة بِأَلواح
يَستَخدِمها الناس حتّى اليَوم.

العسل أَحلَى من السُكَّر ويُعطي الإنسان
الطاقة والنَّشاط والقُدرة على العَمَل.